Dedicated to my father and his wife.
A big thank you goes to the parents and kids in my readers' Facebook group who contributed to the creation of this book.

Summer with Grandpa © 2023

Story by Elisavet Arkolaki
Art by Svitlana Holovchenko
Translated from Greek into English by Millie Slavidou
Translated from English into Russian by Maryna Maslova
Proofreading by Anton Chivchalov
All rights reserved.

No part of this work may be reproduced, stored in a retrieval system, or submitted in any form or by any means, electronic, mechanical, photocopying, recording or otherwise, without the prior written permission of the publisher, except in the case of brief quotations embodied in critical reviews and certain other non-commercial uses permitted by copyright law. This book may not be lent, resold, hired out or otherwise disposed of by way of trade in any form of binding or cover other than that in which it is published, without the prior written consent of the publisher. Custom editions can be created for special purposes.

For permission requests please write to the publisher at liza@maltamum.com,

Complimentary educational material can be downloaded here http://maltamum.com/stuff-for-kids/

ISBN 9798395769961

"Tolya, Alina, you've got an email from Grandpa Costas!" calls Mommy from the living room. "Stop packing for a moment. He's sent you a video!"

«Толя, Алина, вам пришло письмо от дедушки Костаса! – зовет мама из гостиной. – Отложите сборы на секундочку. Он прислал вам видео!»

"My dear grandchildren, I can't wait to see you again and give you a big hug. I am on the island now together with Maria and we're waiting for you. The whole family is coming and lots of friends as well, and I'd like to welcome you all with a big family meal. This is where I'll need your help! I'd like to cook fresh fish for you, but how am I going to catch that many all by myself? Let's go fishing together?"

«Мои дорогие внуки, не могу дождаться, когда увижу вас снова и крепко обниму. Я сейчас на острове вместе с Марией, и мы вас ждём. Вся семья приезжает, приедет также множество друзей, и я хотел бы встретить всех вас большим семейным застольем. Именно в этом мне нужна ваша помощь! Я бы хотел приготовить для вас свежую рыбу, но как я сам смогу наловить так много? Пойдём на рыбалку вместе?»

Tolya, Alina, Daddy, and Mommy, with four small backpacks on their shoulders and one suitcase in hand, travel by:

- taxi for twelve minutes,
- train for two and a half hours,
- plane for eight hours,
- ferry for nine hours, thirty-one minutes, and forty-two seconds exactly!

Толя, Алина, папа и мама с четырьмя небольшими рюкзаками за плечами и одним чемоданом в руке путешествуют так:

- двенадцать минут на такси,
- два с половиной часа на поезде,
- восемь часов на самолёте,
- ровно девять часов, тридцать одна минута и сорок две секунды на пароме!

Grandpa is waiting for them at the port. "Grandpa, Grandpa! Our answer is yes!" "That's great! Let's go home and leave the stuff, then we'll get ready and go fishing! Mr. Lucas, our neighbor, told me that today there were some large mullets popping up in the sea!"

Дедушка ждёт их в порту.
– Дедушка, дедушка, наш ответ: да!
– Отлично! Пойдёмте домой и оставим там вещи, потом приготовимся и отправимся на рыбалку! Мистер Лукас, наш сосед, сказал мне, что сегодня на море из воды выпрыгивали большие кефали!

The children put on sunscreen and hats to protect themselves from the sun, and each one of them takes a fishing pole, a water bottle, and a snack. Grandpa takes on the task of carrying everything else and, of course, the bait: a bucket full of bread!

Дети наносят солнцезащитный крем и надевают панамки, чтобы уберечься от солнца, и каждый из них берёт удочку, бутылку с водой и перекус. Дедушка берёт на себя задачу нести всё остальное и, конечно, наживку – ведёрко, полное хлеба!

The sea really is full of mullets, large and small, wandering about in schools. How exciting! Grandpa helps the children to wet some crumbs with seawater and roll it into a ball as bait. "Alina, now you throw some bread into the sea, to make the fish gather around," says Grandpa, and she does just that.

В море действительно полно кефали, большой и маленькой, которая плавает туда-сюда стайками. Как интересно! Дедушка помогает детям намочить несколько крошек морской водой и скатать в шарик в качестве наживки. «Алина, а теперь брось немного хлеба в море, чтобы рыба собралась вокруг него», говорит дедушка, и девочка так и делает.

Then, both children cast the fishing pole. But the fish don't bite. "These are not ideal conditions to catch mullets. The sea is too calm," says Grandpa. "We need to have a bit of a wave and murky water. But never mind, we will try, and just do our best."

Затем дети забрасывают удочки. Но рыба не клюёт. «Это не идеальные условия для ловли кефали. Море слишком спокойное, – говорит дедушка. – Нам нужно немного волн и мутной воды. Но ничего страшного, мы будем очень стараться».

"I'm bored," says Alina, abandoning her fishing pole. "I'm going to collect shells!" She takes a reel of fishing line and a pair of scissors, and sets about making necklaces and bracelets. Tolya remains focused on the original goal. They have to eat fish today!

«Мне скучно, – говорит Алина, откладывая свою удочку. – Я пойду собирать ракушки!» Она берёт катушку лески и ножницы и начинает делать ожерелья и браслеты. Но Толя по-прежнему сосредоточен на рыбалке. Им во что бы то ни стало нужно сегодня поесть рыбы!

Tolya casts the fishing pole again, and it seems that something is biting! The pole bends, Tolya goes to reel it in, the fish pulls back, but comes flying out of the water. A wide smile spreads over his face. He's done it! "I've caught a mullet!" he shouts excitedly. Grandpa puts the flailing fish quickly into the net so as not to injure it and takes it off the hook very carefully.

Толя снова забрасывает удочку, и, кажется, что-то клюёт! Удочка сгибается, Толя начинает подсекать, рыба тянет назад, но выскакивает из воды. На лице мальчика появляется широкая улыбка. Он сделал это! «Я поймал кефаль!» – восторженно кричит он. Дедушка быстро кладёт вырывающуюся рыбу в сетку так, чтобы не поранить, и очень осторожно снимает её с крючка.

–What are we going to do with that little fish, Tolya?
–I'll put it in the bucket for us to take home.
–It's very small. We can't eat it. Do you agree to set it free and let it grow bigger?
–But it's my first fish!
–We can take a photo for you to remember it, and then try again to catch a bigger fish.
–If we do it like that, then yes, I agree.

– Что мы будем делать с этой маленькой рыбкой, Толя?
– Я положу её в ведёрко, и мы отнесём ее домой.
– Она очень маленькая. Мы не можем её съесть. Ты согласен выпустить её и дать ей вырасти?
– Но это моя первая рыба!
– Мы можем сделать фото на память и потом попытаться ещё раз поймать рыбу побольше.
– Если мы так сделаем, я согласен.

Tolya goes on baiting the hook and casting the fishing pole again and again to catch another fish. It gets late, the sun beats down, he gets sweaty and hot, but he doesn't give up. Alina though, who has finished with what she was making, wants to go home. And Grandpa has to start cooking. "One last try," begs Tolya, and this time he really does catch something! And that something is so big that there's no way he can reel it in!

Толя продолжает насаживать наживку на крючок и забрасывать удочку снова и снова, чтобы поймать ещё одну рыбу. Становится поздно, солнце припекает, мальчик потеет, ему жарко, но он не сдаётся. Тем не менее Алина, которая закончила то, чем занималась, хочет идти домой. И дедушке уже нужно начинать готовить. «Последняя попытка», – просит Толя, и в этот раз он действительно что-то ловит! И это что-то настолько большое, что мальчик никак не может его подсечь!

Grandpa wades into the sea to help. Yes! The hook has caught on something. It has caught on... a boat! Tolya is angry and disappointed. He takes the bucket and empties out the little bit of bread left into the sea. "Let's go. We won't be eating fish today after all."

Дедушка заходит в море, чтобы помочь. Да! Крючок за что-то зацепился. Он зацепился за... лодку! Толя рассержен и расстроен. Он берёт ведёрко и выбрасывает оставшийся кусочек хлеба в море. «Пойдёмте. Всё-таки сегодня нам не удастся поесть рыбы».

On the way back, they see other people fishing a little further along, near the rocks. Their buckets are full of fish! "It's not fair!" Alina shouts at them. "Those fish are ours! We've been feeding them all this time, and you've taken them from us!" Mr. Lucas who is there, too, smiles.
"Go home, and I'll see you soon. I have a surprise for you!"

На обратном пути они видят других людей, которые рыбачат чуть дальше, у скал. Их вёдра полны рыбы! «Это нечестно! – кричит им Алина. – Эта рыба наша! Мы её кормили всё это время, а вы забрали её у нас!» Мистер Лукас, который тоже там, улыбается: «Идите домой, я скоро к вам присоединюсь. У меня есть для вас сюрприз!»

As they walk, the children's mood changes, and once they arrive home and see the faces of loved ones they hadn't seen for months, all is forgotten. The table is laid, aromas waft from the kitchen, and songs play on the radio, overshadowed by the different languages heard from the yard; all well-known except for one! Henrik's children have arrived!

Henrik is Aunty Joy's partner and his children also have a parent from another country. They're speaking in a language unknown to them, but what does it matter? Alina gives them a necklace and a bracelet. They hold hands and start playing tag.

Пока они идут, настроение детей меняется, и когда они приходят домой и видят лица близких, с которыми не встречались несколько месяцев, всё забывается. Стол накрыт, с кухни доносятся ароматы, и песни играют по радио, заглушаемые разными языками, которые доносятся со двора; все известны, кроме одного! Дети Хенрика приехали!

Хенрик – это партнер тёти Джой, и у его детей ещё есть родитель из другой страны. Они говорят на языке, неизвестном для них, но какое это имеет значение? Алина дарит им ожерелье и браслет. Они берутся за руки, а потом начинают играть в лова.

"Can I tell you how many we caught?" says Tolya, hiding the bucket behind his back. "One plus two plus three plus four plus five plus six plus seven plus eight plus nine minus ten, times..."

"Stop for a minute," Aunty Joy interrupts him, little Sofia in her arms. "I've lost count!"

"No, no, wait! Let's start again from the beginning, and just pay attention to what I say at the end. It's a joke that I heard on YouTube. So, we caught one plus two plus three plus four plus five plus six plus seven plus eight plus nine minus ten, times zero!"

"So many?" laughs Daddy, since he had already understood that they hadn't caught anything.

"Oh, not exactly," Grandpa chimes in. "Tolya caught a small fish which he released back into the sea and... a big boat!"

– Хочешь, я расскажу тебе, сколько мы поймали? – говорит Толя, пряча ведёрко за спиной. – Один плюс два плюс три плюс четыре плюс пять плюс шесть плюс семь плюс восемь плюс девять, умножить...

– Остановись на секундочку, – перебивает его тётя Джой, у которой на руках маленькая София. – Я сбилась со счёта!

– Нет, нет, подожди! Давай я начну сначала, ты просто внимательно дослушай до конца. Это шутка, которую я услышал на YouTube. Итак, мы поймали один плюс два плюс три плюс четыре плюс пять плюс шесть плюс семь плюс восемь плюс девять минус десять, умножить на ноль!

– Так много? – смеётся папа, потому что он уже понял, что они ничего не поймали.

– Ну, не совсем, – вмешивается дедушка. – Толя поймал маленькую рыбку, которую он отпустил обратно в море, и... большую лодку!

"You mean to say you let the boat go?" teases Mr. Lucas who comes into the yard at that moment. "If you had given it to me, I would have finished fishing much more quickly." And there on a little table, he puts down a tray full of fish, enough for the whole neighborhood to eat! "Costas, light the barbecue. We're having fish today!"

«Ты хочешь сказать, что отпустил лодку? – дразнит мистер Лукас, который в этот момент заходит во двор. – Если бы ты отдал её мне, я бы закончил рыбалку намного быстрее». И на маленький стол он ставит поднос, полный рыбы, которой хватит на всех соседей! «Костас, разжигай мангал. Мы сегодня будем есть рыбу!»

A collage of fish artworks created by children from around the world!

Made in United States
Troutdale, OR
11/18/2024

24969930R00021